BEI GRIN MACHT SICH IHR WISSEN BEZAHLT

AF166500

- Wir veröffentlichen Ihre Hausarbeit,
  Bachelor- und Masterarbeit

- Ihr eigenes eBook und Buch -
  weltweit in allen wichtigen Shops

- Verdienen Sie an jedem Verkauf

Jetzt bei www.GRIN.com hochladen
und kostenlos publizieren

GRIN ☺

Trainingsplan für ein Ausdauertraining zur Gewichtsreduktion

GRIN 😊

Bibliografische Information der Deutschen Nationalbibliothek:

Die Deutsche Nationalbibliothek verzeichnet diese Publikation in der Deutschen Nationalbibliografie; detaillierte bibliografische Daten sind im Internet über http://dnb.d-nb.de abrufbar.

ISBN: 9783346845108
Dieses Buch ist auch als E-Book erhältlich.

© GRIN Publishing GmbH
Nymphenburger Straße 86
80636 München

Druck und Bindung: Books on Demand GmbH, Norderstedt Germany
Gedruckt auf säurefreiem Papier aus verantwortungsvollen Quellen

Das Buch bei GRIN: https://www.grin.com/document/1339899

Inhaltsverzeichnis

1 LÖSUNG AUFGABE 1 1

1.1 Allgemeine und biometrische Daten...1

1.2 Leistungsdiagnostik/ Ausdauertestung 3

1.3 Gesundheits- und Leistungsstatus der Person 7

2 LÖSUNG AUFGABE 2 7

3 LÖSUNG AUFGABE 3 8

3.1 GROBPLANUNG MESOZYKLUS...8

3.2 DETAILPLANUNG MESOZYKLUS 8

3.3 BEGRÜNDUNG ZUM MESOZYKLUS 11

4 LÖSUNG AUFGABE 4 13

5 LITERATURVERZEICHNIS..16

6 TABELLENVERZEICHNIS...17

1   LÖSUNG AUFGABE 1

1.1   Allgemeine und biometrische Daten

Tabelle 1: Allgemeine Daten (eigene Darstellung)

Alter	19 Jahre
Geschlecht	Männlich
Körpergröße	170 cm
Körpergewicht	77 kg
Körperfettanteil (KFA)	21%
Trainingsmotive	-Gewichtsreduktion -Verbesserung der körperlichen Ausdauer -Reduzierung des Körperfettanteils (KFA)
Berufliche Tätigkeit	Student (sitzend, in Verbindung mit leichter bis mittlerer körperlicher Anstrengung)
Frühere sportliche Aktivitäten	-Fußball im Alter zwischen 6 und 14 (2-3-mal die Woche) -Jugendsport im Alter zwischen 14 und 16 Jahren (3-mal die Woche)
Aktuelle sportliche Aktivitäten	-Fußball seit 3 Jahren auf Amateur-Niveau (2-3-mal die Woche für je 60 – 90 min.) -Fahrrad fahren seit 2 Jahren aber unregelmäßig (max. 1-mal die Woche für 60 min.)
Zeitlicher Verfügungsrahmen	2-3-mal pro Woche für bis zu 2 Stunden

Tabelle 2: Biometrische Daten (eigene Darstellung)

	Systole	Diastole	
Blutdruck	114mmHG	64 mmHG	
Ruhepuls			55 S/min

Tabelle 3: Blutdruckklassifikation der American Heart Association (modifiziert nach Mancia et al., 2013, S. 1286)

Bewertungsstufen	Systolischer Blutdruck	Diastolischer Blutdruck

Normalblutdruck (Normotonie)		
Optimal	< 120 mmHg	< 80 mmHg
Normal	< 130 mmHg	< 85 mmHg
Hochnormal	130 -139 mmHg	85 – 89 mmHg
Bluthochdruck (arterielle Hypertonie)		
Stufe 1	140 – 159 mmHg	90 – 99 mmHg
Stufe 2	160 -179 mmHg	100 – 109 mmHg
Stufe 3	> 179 mmHg	> 110 mmHg

Tabelle 4: Allgemeiner Gesundheitszustand (eigene Darstellung)

Orthopädische Probleme	Keine
Internistische Probleme	Keine
Ärztliche Behandlungen	Nein
Medikamenteneinnahme	Nein
Sonstige gesundheitliche Einschränkungen	Nein

Tabelle 5: Tabelle Körperfettanteil Männer (modifiziert nach Hammer AG. Der ideale Körperfettanteil. Tabelle Körperfettanteil Männer:. Zugriff am 2.6.2022)

Alter	Gut	Mittel	Hoch
20-24	15	19	23
25-29	17	20	24
30-34	18	22	25

Tab. 5 gibt hier die Normwerte in Prozent für den KFA der Testperson an, obwohl diese erst 19 Jahre alt ist, kann die Tabelle aufgrund des geringen Altersunterschieds zum Vergleich herangezogen werden.

1.2 Leistungsdiagnostik/ Ausdauertestung

Für die Ausdauertestung der Testperson ist durch die Aufgabenstellung ein Eingangstest auf dem Fahrradergometer vorgesehen.

Dafür gibt es drei verschiedene Testverfahren, zum einem den WHO-Test, sowie den Hollmann und Venrath-Test und den Vita-Maxima-Test.

Die Testperson wird im folgendem den Hollmann und Venrath-Test, einen so genanten Stufentest absolvieren. Dieser ist für den Leistungstand der Testperson angemessen und für normal bis gut trainierte Personen geeignet. Im Gegensatz zum WHO-Test ist hier Belastung höher, weßhalb er auch für jüngere Personen besser geeignet ist.

Vor der Durchführung des Eingangstest muss die Testperson jedoch erst nach deren Belastbarkeit eingestuft werden, wobei auf Alter, Geschlecht, Trainingszustand und der Ruheherzfrequenz ein besonderes Augenmerk liegt. Die für den Test Relevante Zielherzfrequenz ergibt sich aus der Auswertung der Tabellen 6. und 7.

Tabelle 6: Voreinstufung nach Ruheherzfrequenz und Lebensalter (modifiziert nach Trunz, 2001; IPN, 2004, S. 4)

Alter / HfRuhe	< 20	20-29	30-39	40-49	50-59	60-69	>70
< 50 S/min	140 S/min	135 S/min	130 S/min	125 S/min	115 S/min	110 S/min	105 S/min
50-59 S/min	145 S/min	140 S/min	135 S/min	125 S/min	120 S/min	125 S/min	110 S/min
60-69 S/min	145 S/min	145 S/min	135 S/min	130 S/min	125 S/min	120 S/min	115 S/min
70/79 S/min	150 S/min	145 S/min	140 S/min	135 S/min	130 S/min	125 S/min	120 S/min
80/89 S/min	155 S/min	150 S/min	145 S/min	140 S/min	135 S/min	125 S/min	125 S/min
>90 S/min	160 S/min	155 S/min S	150 S/min	145 S/min	135 S/min	139 S/min	125 S/min

Tabelle 7: Voreinstufung unter zusätzlicher Berücksichtigung der Trainingshäufigkeit ausdauerrelevanter Aktivitäten (modifiziert nach Trunz, 2001; IPN, 2004, S. 4)

Trainingszustand	Trainingshäufigkeit/ Woche	Stunden/ Woche	Pulsaufschlag
kein Ausdauertraining	kein einziges Mal	0 Stunden	Kein Aufschlag

wenig Ausdauertraining	1-2-mal	≤ 1Stunde	Kein Aufschlag
moderates Ausdauertraining	2-3-mal	1-2 Stunden	plus 5 S/min
viel Ausdauertraining	3-4-mal	2-4 Stunden	plus 10 S/min
sehr viel Ausdauertraining	>4-mal	> 4 Stunden	plus 15 S/min

Aus Tab. 6 ergibt sich durch Alter und Ruhepuls als Zielherzfrequenz 145 S/min, mit Berücksichtigung des Trainingszustands des Probanden kann diese allerdings um 10 S/min auf 155 S/min erhöht werden.

Nun führt der Proband den Fahrradergometertest durch, bei welchem die eben ermittelte Zielherzfrequenz gleich der Abbruchgrenze ist. Vorab ist hier natürlich wichtig, dass das Ergometer so gut wie möglich auf die Größe des Probanden eingestellt ist.
Gestartet wird der Test mit einer Eingangsbelastung von 30 Watt, welche sich alle 3 Minuten um 40 Watt erhöht. Hierbei wird der Puls der Testperson nach jeder „durchfahrenen" Minute/Stufe notiert, bis die Abbruchgrenze erreicht wird.

Tabelle 8: Übersicht aller relevanten Werte der Testperson vor Durchführung (eigene Darstellung)

Alter	19	Testform	Hollmann & Venrath - Test
Geschlecht	männlich	Eingangsbelastung	30 Watt
Gewicht	77 kg	Belastungssteigerung	40 Watt
Körpergröße	170 cm	Abbruchgrenze	155 S/min
Blutdruck	114/64 mmHg	Stufendauer	3 min
Ruhepuls	55 S/min		

Tabelle 9: Eingangstest mit der Testperson auf dem Fahrradergometer (eigene Darstellung)

Zeit (in Min.)	Watt	Herzfrequenz 1	Herzfrequenz 2	Herzfrequenz 3
0-3	30	75	77	79
4-6	70	85	89	93
7-9	110	104	110	112
10-12	150	122	129	132
13-15	190	143	151	155
Watt gesamt	190			
Watt/Kg	190 Watt: 77 kg = <u>2,47 Watt/kg</u>			

Tab. 9 erläutert hier die Testdurchführung tabellarisch. Wie zu sehen ist, hat der Proband die verschiedenen Stufen bis zu 190 Watt alle komplett durchfahren. Mit Erreichen der dritten Stufe bei 190 Watt und der Hf Messung wurde die Pulsobergrenze überschritten und der Test daraufhin abgebrochen. Die aus Tab. 9 entnommenen Werte ergeben eine Wattleistung von 2,47 für den Probanden. Was verglichen mit der angeführten Tab. 10, welche die Normwerte für einen submaximalen Radergometertest angibt, ein durchschnittliches Ergebnis ist.

Tabelle 10: Ausschnitt der Normtabelle für submaximale Radergometertests – Relative Watt-Soll-Leistung (Watt pro kg) bei Männern (modifiziert nach IPN, 2004, S.8)

Alter / Intensität	<30	30-34	35-39	40-44	45-49	50-54	55-59	>60	Bewertung
0,6	2,00	1,90	1,80	1,70	1,60	1,50	1,40	1,30	ø
0,61	2,20	2,09	1,98	1,87	1,76	1,65	1,54	1,43	ø
0,62	2,40	2,28	2,16	2,04	1,92	1,80	1,68	1,56	ø
0,63	2,60	2,47	2,34	2,21	2,08	1,95	1,82	1,69	☺
0,64	2,80	2,66	2,52	2,38	2,24	2,10	1,96	1,82	☺

Aus Tab. 10 kann man entnehmen, dass die Intensität des Probanden bei 0,62 liegt, was an der Grenze zwischen einer durchschnittlichen und leicht positiven Leistung liegt. Die Bewertung nach der Normwerttabelle ist also durchschnittlich, aber noch ausbaufähig.

1.3 Gesundheits- und Leistungsstatus der Person

Die Belastbarkeit der Testperson ist auf einem durchschnittlichen Niveau, was die Ergebnisse des Eingangstest angeht. Herzfrequenz und Ruhepuls liegen in einem (sehr) guten Bereich, bzw. leicht unter den Normwerten.

Sein KFA liegt hier mit 21 % im zwischen dem mittleren und hohen Bereich und ist so noch ausbaufähig.

Zudem gibt es keine gesundheitlichen Probleme oder Beschwerden die vorliegen, welche für das Training problematisch werden könnten, bzw. zum direkten Ausschluss einiger Trainingsgeräte führen würde. Positiv ist hier auf jeden Fall der Punkt, dass der Proband sowohl an das läuferische Training und das Fahrradfahren schon gewöhnt ist und er dort keine besondere Einweisung, oder langsameres heranführen benötigt. Da die Testperson noch jung und bereits an sportliche Aktivitäten (über 60 min.) gewöhnt ist kann der Schwierigkeitsgrad schon etwas höher angesetzt werden.

Abschließend lässt sich sagen, dass einem moderaten bis anspruchsvollerem Ausdauertrainings nichts im Wege steht.

2 LÖSUNG AUFGABE 2

Das wichtigste Trainingsziel für die Testperson ist, nach eigenen Angaben eine Verbesserung der Ausdauerleistungsfähigkeit. Damit der Proband in seinem Hobby Fußball mehr Leistung erbringen kann, will er die Winterpause von 4 Monaten für diesen Trainingsplan nutzten.

Dies kann am besten über eine Verbesserung der Watt/kg Leistung bestimmt werden. Hier würde der Proband gerne den Wert von 3,0 Watt/kg, nach Ablauf des letzten (dritten) Mesozyklus erreichen, also eine Verbesserung von ca. 21%. Um dieses Ziel zu überprüfen, wird nach Beendigung der letzten Einheit des Zyklus nochmal ein entsprechender Ausgangstest gemacht, um die aktuellen Daten zu bekommen.

Ein weiteres Ziel soll eine Gewichtsreduktion um 4 kg sein, damit sich die Testperson auch im Sommer wohler fühlt. Durch den Gewichtsverlust erhofft sich der Proband auch eine bessere Beweglichkeit nach der Winterpause in seinem Hobby Fußball. Für dieses Ziel ist eine Zeitspanne von 16 Wochen angesetzt worden.

Abschließend wurde noch über eine Senkung des Körperfettanteils des Probanden gesprochen. Aktuell liegt dessen KFA bei 21 %, wobei er sich gerne um 4 % auf 17 %

nach unten verbessern würde. Dadurch will er, seine Ansicht nach, ein besseres Erscheinungsbild erreichen und er erhofft sich auch einen gesünderen Körper. Auch für dieses Ziel wurde sich auf den Zeitraum von 16 Wochen geeinigt.

Für die letzten beiden Ziele spielt die richtige Ernährung natürlich auch eine wichtige Rolle. Hier hat der Proband angegeben, dass er sich mit dieser mittlerweile sehr gut auskennt und motiviert ist seine Ziele zu erreichen.

3 LÖSUNG AUFGABE 3

3.1 Grobplanung Mesozyklus

Tabelle 11: Trainingsplanung Mesozyklus 3 (eigene Darstellung)

Trainingsplanung Mesozyklus 3	
Dauer	8 Wochen
Trainingszielsetzung	-Stabilisierung der GA -Regeneration -Fettstoffwechseltraining
Trainingsumfang pro Woche	2-3 Stunden
Trainingsmethoden	Extensive DM Intensive DM Variable DM
Trainingsintensität	50 – 85% Hf_{max}
Trainingshäufigkeit pro Woche	3-mal
Trainingsdauer pro Trainingseinheit	40 - 90 Minuten
Trainingsgeräte/ Bewegungsformen	Crosstrainer, Radergometer, Laufband

3.2 Detailplanung Mesozyklus

Tabelle 12: Detailplanung Mesozyklus 3 – Woche 1 & 2 (eigene Darstellung)

Detailplanung Mesozyklus Woche 1 & 2

Woche 1	Mo	Mi	Fr	Woche 2	Mo	Mi	Fr
Ziel	GA1	GA1/GA2	GA1		GA1	GA1/GA2	GA1
Me-thode	Ext. DM	Variable DM	Ext. DM		Ext. DM	Variable DM	Ext. DM
Intensität	65-70% Hf_{max}	65-70% Hf_{max}(ext.) / 75-85% Hf_{max}(int.)	60-65% Hf_{max}		65-70% Hf_{max}	65-70% Hf_{max}(ext.) / 75-85% Hf_{max}(int.)	6065% Hf_{max}
Herzfrequenz	131-141 S/min	131-141 S/min / 151-171 S/min	121-131 S/min		131-141 S/min	131-141 S/min / 151-171 S/min	121131 S/min
Dauer	60 min	45 min (5:5)	40 min		65 min	50 min (5:5)	45 min
Gerät	Radergometer	Laufband	Cross-trainer		Radergometer	Laufband	Cross-trainer

Tabelle 13: Detailplanung Mesozyklus 3 – Woche 3 & 4 (eigene Darstellung)

Detailplanung Mesozyklus Woche 3 & 4							
Woche 3	Mo	Mi	Fr	Woche 4	Mo	Mi	Fr
Ziel	GA1	GA2	REKOM		GA1	GA1/ GA2	GA1
Methode	Ext. DM	Int. DM	Ext. DM		Ext. DM	Variable DM	Ext. DM
Intensität	60-65% Hf_{max}	75-80% Hf_{max}	50-60% Hf_{max}		60-65% Hf_{max}	65-70% Hf_{max}(ext.) / 75-85% Hf_{max}(int.)	60-65% Hf_{max}
Herzfrequenz	121-131 S/min	151-161 S/min	101-121 S/min		121-131 S/min	131-141 S/min / 151-171 S/min	121-131 S/min
Dauer	80 min	45 min	40 min		60 min	40 min (10:10)	45 min
Gerät	Radergometer	Laufband	Cross-trainer		Radergometer	Laufband	Cross-trainer

Tabelle 14: Detailplanung Mesozyklus 3 – Woche 5 & 6 (eigene Darstellung)

Detailplanung Mesozyklus Woche 5 & 6							
Woche 5	Mo	Mi	Fr	Woche 6	Mo	Mi	Fr
Ziel	GA1	GA1/ GA2	GA1		GA1	GA1/GA2	GA1
Methode	Ext. DM	Variable DM	Ext. DM		Ext. DM	Variable DM	Ext. DM
Intensität	70-75% Hf_{max}	70-75% Hf_{max}(ext.) / 75-85% Hf_{max}(int.)	60-65% Hf_{max}		70-75% Hf_{max}	70-75% Hf_{max}(ext.) / 75-85% Hf_{max}(int.)	6065% Hf_{max}
Herzfrequenz	141-151 S/min	141-151 S/min / 151-171 S/min	121-131 S/min		141-151 S/min	141-151 S/min / 151-171 S/min	121131 S/min
Dauer	60 min	45 min (5:5)	40 min		65 min	50 min (5:5)	45 min
Gerät	Radergometer	Laufband	Cross-trainer		Radergometer	Laufband	Cross-trainer

Tabelle 15: Detailplanung Mesozyklus 3 – Woche 7 & 8 (eigene Darstellung)

Detailplanung Mesozyklus Woche 7 & 8							
Woche 5	Mo	Mi	Fr	Woche 6	Mo	Mi	Fr
Ziel	GA1	GA2	REKOM		GA1	GA1/GA2	GA1
Methode	Ext. DM	Int. DM	Ext. DM		Ext. DM	Variable DM	Ext. DM
Intensität	65-70% Hf_{max}	80-85% Hf_{max}	50-60% Hf_{max}		65-70% Hf_{max}	70-75% Hf_{max}(ext.) / 75-85% Hf_{max}(int.)	60-65% Hf_{max}
Herzfrequenz	131-141 S/min	161-171 S/min	101-121 S/min		131-141 S/min	141-151 S/min / 151-171 S/min	121-131 S/min
Dauer	90 min	45 min	40 min		60 min	40 min (10:10)	45 min

Gerät	Radergometer	Laufband	Cross-trainer		Radergometer	Laufband	Cross-trainer

3.3 Begründung zum Mesozyklus

Der achtwöchige Mesozyklus ist der letzte von drei Teilen des Makrozyklus des Probanden. In diesem geht es noch einmal darum den Fettstoffwechsel anzuregen und auch eine leichte Regeneration in den Trainingsprozess miteinzugliedern.

Hierbei steigt die Intensität bis zum Ende des Zykluses an, anfangs durch Erhöhung der Dauer, danach durch die der Intensität der jeweiligen Einheiten.

Jedoch wird die Grenze von insgesamt 3 Stunden Training pro Woche nicht überschritten, was sich mit den Angaben der Testperson deckt. Der Mesozyklus besteht hier aus einem Belastungsverhältnis von 3:1 und innerhalb der einzelnen Wochen von 2:1, also 3 bzw. 2 Wochen höhere Intensität und eine mit niedriger. Generell wurde das Trainings so konzipiert, dass es nach Auswertung der Daten des Eingangstest (Watt/kg) und mit denen der Herzfrequenz und des Ruhepuls, welche zu den wichtigsten sportmedizinischen bzw. leistungsdiagnostischen Messparametern gehören (Rost, 2002, S.52) für den Probanden angemessen ist.

Für das Training werden mehrere Methoden ausgewählt, neben der extensiven und intensiven Dauermethode (DM), kommt noch die variable Dauermethode zum Einsatz.

Die extensive und intensive DM haben beide gleichbleibende Intensitäten, unterscheiden sich aber durch die Dauer und Höhe dieser. Die extensive DM kommt hier zum Einsatz, da aufgrund der längeren Intensitäten der Fettstoffwechsel mehr in den Vordergrund rückt und neben diesem auch die Herz-Kreislauf-Arbeit verbessert wird. Bei der intensiven DM besteht der Vorteil unter anderem in einer Verbesserung des aeroben und anaeroben Stoffwechsels, wie der Entwicklung des Herz-Kreislauf-Systems. (Zintl & Eisenhut 2001). Die variable DM ist hier eine Mischform aus den beiden erstgenannten. Hier sind im Plan jeweils die zwei Wechselzeiten der DM notiert, einmal alle 5 (5:5) und auch alle 10 (10:10) Minuten. Hier wechseln sich die Phasen mit höher und niedriger Intensität optimal ab um eine Erholungsphase zu schaffen.

Die Einheiten der Grundlagenausdauer (GA) 1 wurden hier gewählt um die GA zu stabilisieren, dies wird hier mit der extensiven DM erreicht. Der GA 2 Trainingsbereich ist in diesem Fall der Aspekt und die GA zu entwickeln, was mit höheren Intensitäten, also hier der intensiven DM erreicht wird.

Auch die REKOM Einheit hat hier einen wichtigen Zweck. Sie soll die intensiveren Einheiten aus Woche 3 und 7 kompensieren und die aktive Regeneration fördern. Bevorzugt dafür ist die extensive DM, bei welcher die Intensität, 50-60% Hf_{max} und Dauer, mit nicht mehr als 45 Minuten jedoch eher gering bleiben (Hottenrott,1997,2006).

Die Herzfrequenz wurde hier mit der Formel Hf_{max} = 220 – Lebensalter (LA) bestimmt und dann mit jeweiligen Intensitäten berechnet. Dies ist die generelle Faustformeln zur Berechnung der Hf_{max} (ACSM, 1998b, S. 975; Rost & Appell, 2001, S. 405).

Jedoch muss hier beachtet werden, dass wie der Name es sagt, es eine Faustformel ist und bei dieser auch Abweichungen auftreten können. Diese können sogar mehr als 10-12 S/min über bzw. unter dem berechneten Wert liegen (ACSM, 2006a).

Bei untrainierten Personen muss für das Fahrrad eine andere Formel, Hf_{max} = 200 – LA, angewendet werden (Kindermann, 1987a, S. 244–268). Da der Proband aber schon als trainierter und belastbar eingestuft wurde, kann er auch auf dem Fahrrad eine höhere Hf_{max} erreichen, folglich kann also die bekannte 220 – LA Formel benutzt werden (Rost & Appel, 2001).

Die Intensitäten im aeroben der wurden nach Empfehlungen der Hf_{max}-Methode ausgewählt (ACSM, 2006b, S. 141). Hierbei liegt die Intensität für trainierte Personen zwischen 70-85% Hf_{max}, was auch einem Großteil der Intensitäten des Probanden entspricht. Auch um den Fettstoffwechsel anzuregen ist mittlere Intensität von etwa 75 % der Hf_{max} notwendig (Jeukendrup, 2005, S.337).

Falls nur die Körperfettreduktion bei einem zukünftigen Trainings im Vordergrund steht, kann auch HIIT versucht werden, da mit diesem nach Tremblay et al. (1994, S.814) auch gute Erfolge erzielt werden können.

Da der Proband auch Mitglied in einem Fitnessstudio ist und Zugang zu diversen Sportgeräten hat, konnten diese auch miteinbezogen werden. Aufgrund seines Hobbys Fußball und dem Ziel, dort eine Leistungssteigerung zu erreichen wurden die Geräte Laufband und Crosstrainer dem Plan hinzugefügt um so auch von der Bewegungsform einen ähnlichen Ablauf zu kreieren. Zusätzlich macht dies den Trainingsplan abwechslungsreicher, wodurch dem Probanden das Training nicht zu eintönig wird.

Nicht zu vergessen ist auch der Punkt, dass bei einem Lauftraining die Fettoxidation höher ist als z.b. auf dem Fahrrad (Achten, Venables & Jeukendrup, 2003, S. 747). Beim Laufen werden zudem auch am meisten Kalorien verbrannt, wie Studien (Reim, 2001; Rudack, 2001; Zeni, Hoffmann & Clifford, 1996, S. 1424) zeigen. Dies ist für die beiden Ziele Gewichtsabnahme und einen geringeren KFA nicht unwichtig, auch um einfacher eine negative Energiebilanz zu bekommen.

4 LÖSUNG AUFGABE 4

Effekte des Ausdauertrainings bei arterieller Hypertonie

Tabelle 16: Effekte des Ausdauertrainings bei arterieller Hypertonie (eigene Darstellung)

Titel/ Was wurde untersucht?	Kardiovaskuläre Effekte eines aeroben vs. Eines isometrischen Trainings bei arterieller Hypertonie	Auswirkungen von Ausdauer- vs. Krafttraining vs. der Kombination Ausdauer-/Krafttraining auf die systemische Hämodynamik, Gefäßelastizität sowie Herzfrequenzvariabilität bei Patienten mit arterieller Hypertonie
Wer hat die Studie durchgeführt	Stergios Vlatsas	Anna Lena Bickenbach
Wann wurde die Studie publiziert	2015 (Mai)	2012
Versuchspersonen	-70 Patienten mit bekannter medikamentös behandelter arterieller Hypertonie oder einem Blutdruck von $\geq$ 140/90 mmHg ohne medikamentöse Therapie - diese wurden in 3 Gruppen zufällig aufgeteilt	-55 therapienaive Hypertoniepatienten mit arterieller Hypertonie (Grad I/ Prähypertonie) -wovon 42 Männer und 13 Frauen waren -diese waren in 4 Gruppen eingeteilt
Versuchsaufbau	Gruppe 1: 25 Patienten, die in 12 Wochen ein isometrisches Training	Gruppe 1: Ausdauertraining (AT) Gruppe 2: Krafttraining (KT)

durchführen, 5-mal pro Woche (Faustschlusskontraktion mit 30% der Maximalkraft) Gruppe 2: 23 Patienten, die in 12 Wochen ein isometrisches Training mit einem Placebo Gerät durchführen, 5mal/Woche (Kontraktionen mit 5% der maximalen Kraft) Gruppe 3: 22 Patienten, die 5-mal pro Woche ein 30-45-minütiges aerobes Ausdauertraining machen. Mithilfe applanationstonometrischer Pullswellenanalyse wurden folgende (mechanische) Parameter bestimmt: Augmentationsindex, Pulsdruck, zentraler Aortendruck, Pulswellengeschwindigkeit, Gefäßelastizitätsindices der großen und kleinen Gefäße, totaler peripherer Widerstand	Gruppe 3: Kombination aus Ausdauer- und Krafttraining (AKT) Gruppe 4: Kontrollgruppe (KG) Die Gruppen absolvierten ein 12-wöchiges Training mit 3 Einheiten pro Woche

| Ergebnisse/ Schlussfolgerungen | Es wurde eine signifikante Senkung des systolischen Blutdruck um $p=0,008$ und ebenfalls eine signifikante Senkung des diastolischen Blutdrucks um $p=0,009$ festgestellt. Zudem zeigte sich eine Verbesserung der Elastizitätsindices der kleinen Gefäße um $p=0,036$ und der großen Gefäße um $p=0,03$. Ein Abfall des totalen peripheren Widerstands um $p=0,001$ wurde auch gesehen. Das Isometrische Training hatte dem Ergebnis nach $p>0,05$ keinen Einfluss auf die ambulante 24 Stunden Blutdruckmessung. Es wurde auch keine statistisch signifikante Verbesserung der Gefäßelastizitätsparameter: $p>0,05$ festgestellt.

Letztendlich wurde gefolgert, dass aerobes Training einen blutdrucksenkenden Effekt bei Hypertonikern hat, wohingegen bei isometrischen Faustschlusstraining keine blutdrucksenkenden Effekte hat. | Eine Blutdrucksenkung trat in allen drei speziellen Trainingsgruppen auf:
AT-Gruppe: -3,30 mmHg
KT-Gruppe: -4,90 mmHg
AKT-Gruppe: -5,80 mmHg

In der AKT Gruppe gab es also die größte Blutdrucksenkung.

Abschließend lässt sich sagen, dass Krafttraining wegen seiner positiven Effekte in den Trainingsalltag von Hypertonikern integriert werden sollte. |

5   Literaturverzeichnis

Achten, J., Venables, M. C. & Jeukendrup, A. E. (2003). Fat oxidation rates are higher during running compared with cycling over a wide range of intensities. *Metabolism: clinical and experimental, 52* (6), 747–752.

American College of Sports Medicine. (1998b). The recommended quantity and quality of exercise for developing and maintaining cardiorespiratory and muscular fitness, and flexibility in healthy adults. *Medicine and science in sports and exercise, 30* (6), 975–991.

American College of Sports Medicine. (2006a). *ACSM's Guidelines for Exercise Test- - ing and Prescription. ACSM's Guidelines for Exercise Testing and Prescription* (7. Aufl.). Philadelphia: Williams & Wilkins.

American College of Sports Medicine. (2006b). *Guide-lines for exercise testing and prescripiton* (5. Aufl.). Philadelphia: Lippincott Williams & Wilkins.

Bickenbach, A. L. (2012). *Auswirkungen von Ausdauer-vs. Krafttraining vs. der Kombi nation Ausdauer-/Krafttraining auf die systemische Hämodynamik, Gefäßelastizität sowie Herzfrequenzvariabilität bei Patienten mit arterieller Hypertonie.* Dissertation, Deutsche Sporthochschule Köln.

Hottenrott, K. (1997). *Ausdauertraining. Intelligent effektiv erfolgreich* (4. Aufl.). Lüne-burg: Wehdemeier & Pusch.

Hottenrott, K. (2006). *Trainingskontrolle mit Herzfrequenz-Messgeräten* (1. Aufl). Aachen: Meyer & Meyer.

Jeukendrup, A. E. (2005). Fettverbrennung und körperliche Aktivität. *Deutsche Zeit-schrift für Sportmedizin, 56* (9), 337–338.

Kindermann, W. (1987a). Ergometrie-Empfehlungen für die ärztliche Praxis. *Deutsche Zeitschrift für Sportmedizin, 38* (6), 244–268.

Reim, F. (2001). *Kardiopulmonale, metabolische und subjektive Beanspruchung beim gesundheitsorientierten Ausdauertraining an unterschiedlichen Indoor-Cardiogerä-ten* (Berichte aus der Sportwissenschaft). Zugl.: Bayreuth, Univ., Diss., 2001. Aachen: Shaker.

Rost, R. (Hrsg.). (2002). *Lehrbuch der Sportmedizin.* Köln: Deutscher Ärzte-Verlag.

Rost, R. & Appell, H.-J. (Hrsg.). (2001). *Lehrbuch der Sportmedizin.* Köln: Deutscher Ärzte-Verlag.

Rudack, P. (2001). *Spirografische und metabolische Belastungscharakteristika des Trainings auf den Cardiofitnessgeräten Moonwalker, Crosstrainer und Indoor-Cycling- Bike im Vergleich zu standardisierten fahrrad- bzw.*

laufbandergometrischen Belastungen. Unveröffentlichte Dissertation. Universität Dortmund, Dortmund.

Tremblay, A., Simoneau, J. A. & Bouchard, C. (1994). Impact of exercise intensity on body fatness and skeletal muscle metabolism. *Metabolism: clinical and experimental, 43* (7), 814–818.

Vlatsas, Stergios. (2015). *Kardiovaskuläre Effekte eines aeroben versus ein isometrisches Training bei arterieller Hypertonie.* Dissertation, Medizinische Fakultät Charité-Universitätsmedizin Berlin. Berlin.

Zeni, A. I., Hoffmann, M. D. & Clifford, P. S. (1996). Energy Expenditure with Indoor Exercise Machines. *Journal of the American Medical Association, 275,* 1424–1427.

Zintl, F. & Eisenhut, A. (2001). *Ausdauertraining. Grundlagen Methoden Trainingssteuerung* (5. überarb. Aufl.). München: BLV.

6 Tabellenverzeichnis

Tabelle 1: Allgemeine Daten (eigene Darstellung)

Tabelle 2: Biometrische Daten (eigene Darstellung)

Tabelle 3: Blutdruckklassifikation der American Heart Association (modifiziert nach Mancia et al., 2013, S. 1286)

Tabelle 4: Allgemeiner Gesundheitszustand (eigene Darstellung)

Tabelle 5: Tabelle Körperfettanteil Männer (modifiziert nach Hammer AG. Der ideale Körperfettanteil. Tabelle Körperfettanteil Männer:. Zugriff am 2.6.2022. Verfügbar unter https://www.hammer.de/fitnesswissen/koerperfett-rechner)

Tabelle 6: Voreinstufung nach Ruheherzfrequenz und Lebensalter (modifiziert nach Trunz, 2001; IPN, 2004, S. 4)

Tabelle 7: Voreinstufung unter zusätzlicher Berücksichtigung der Trainingshäufigkeit ausdauerrelevanter Aktivitäten (modifiziert nach Trunz, 2001; IPN, 2004, S. 4)

Tabelle 8: Übersicht aller relevanten Werte der Testperson vor Durchführung (eigene Darstellung)

Tabelle 9: Eingangstest mit der Testperson auf dem Fahrradergometer (eigene Darstellung)

Tabelle 10: Ausschnitt der Normtabelle für submaximale Radergometertests – Relative Watt-Soll-Leistung (Watt pro kg) bei Männern (modifiziert nach IPN, 2004, S.8)

Tabelle 11: Trainingsplannung Mesozyklus 3 (eigene Darstellung)

Tabelle 12: Detailplanung Mesozyklus 3 – Woche 1 & 2 (eigene Darstellung)

Tabelle 13: Detailplanung Mesozyklus 3 – Woche 3 & 4 (eigene Darstellung)

Tabelle 14: Detailplanung Mesozyklus 3 – Woche 5 & 6 (eigene Darstellung)

Tabelle 15: Detailplanung Mesozyklus 3 – Woche 7 & 8 (eigene Darstellung)

Tabelle 16: Effekte des Ausdauertrainings bei arterieller Hypertonie (eigene Darstellung)